月亮的青春期

王 性 初 著

文 史 哲 詩 叢

文史哲出版社印行

國家圖書館出版品預行編目資料

月亮的青春期 / 王性初著. -- 初版. -- 臺北市：
文史哲, 民 87
　　面　；　公分. -- (文史哲詩叢；32)
ISBN 957-549-153-x　(平裝)

851.486　　　　　　　　　　　　87007932

文史哲詩叢 ㉜

月亮的青春期

著　　　者：王　　　性　　　初
出 版 者：文　史　哲　出　版　社
登記證字號：行政院新聞局版臺業字五三三七號
發 行 人：彭　　　正　　　雄
發 行 所：文　史　哲　出　版　社
印 刷 者：文　史　哲　出　版　社
臺北市羅斯福路一段七十二巷四號
郵政劃撥帳號：一六一八〇一七五
電話 886-2-23511028 · 傳眞 886-2-23965656

實價新臺幣二二〇元

民國八十七（一九九八）年六月初版

《月亮的青春期》序

紀 弦

1

　　詩人王性初，來自大陸福建，現旅居美國西岸的舊金山，和我相識已有多年。我們和其他來自兩岸三地的文友，時常可以見面，大家都很熟了。我曾介紹他和瘂弦、梅新二位通信，投稿「聯副」、「中副」，在台灣發表作品，由此足見我對他的重視。後來他在大陸、香港及美國中文報刊開闢專欄並發表散文、小說，尤其發表了大量詩歌。現在他把作於八十年代和九十年代的詩整理出一個集子來，將予付梓，我喜悅之餘，當然義不容辭地爲他寫下這篇序。

2

　　這是他的第二本詩集，大體上採目錄編年法，分爲五輯：第一輯「生命段落」二十一首，第二輯「異土異鄉」二十四首，第三輯「浪跡標籤」三十四首，第四輯「觸摸夢境」二十八首，第五輯「心情之外」十六首，共計一百二十三首，篇幅是夠厚的了。他在每一首詩之後，都注明了寫作的時間、地點或是爲誰而寫、因何而寫。這樣，對讀者和自己，都有了一個清清楚楚的交代，我很贊成。
　　除了第一輯和第五輯的一部分是在出國前寫的，其餘皆爲來美後

的作品。可以看出來的是，由於環境的改變，感受的不同，詩的題材——甚至表現手法，也都兩樣了。例如第二輯裡的一首《同性戀自由日寫真》，如果他不來美國，沒有站在舊金山街頭看過同性戀大遊行，那是絕對寫不出來的。他觀察得很仔細，描寫得很生動，像這樣一種「寫實」的手法，實在一點兒也不「朦朧」，讀來非常過癮，就好像看了一場電影似的。此外，他還寫了街心的鴿子、唐人街、流浪漢、貧民窟、餐廳、棒球、賭場、巴士、鐵路線等等所見所聞及其觀感。以詩人敏銳的眼光，捕捉這些來美後的新鮮題材，他都處理得很好。這其中，尤以《春天的死亡》這一首，寫美國的槍枝泛濫，管理不善，許多無辜的人民白白地送了命，更是令人既悲痛又憤怒：

> 朝氣蓬勃的校園
> 被無數烏黑的槍口所瞄準
> 美滿幸福的家庭
> 被冷酷無情的子彈所拆散
>
> 情侶失去了戀人
> 祖母失去了兒孫
> 國家失去了安全
> 大地失去了笑聲

　　像這樣一首充滿了正義感與同情心的好詩，我認為，實在是應該把它譯成英文，寄給柯林頓去看看。是的，我常說的兩句話：詩乃經驗之完成，詩乃人生之批評，我的朋友王性初，他的確做到了。

　　不過，第一輯裡的那些「朦朧詩」，就比較難懂得多了。因他時常切斷聯想，逃避情緒，所以只有「部份」的美，很少構成「全體」的美。我把他這一輯一首首一行行再三咀嚼之後，終於找到了一個總的主題，那便是一種出國前心情的烙印。他即將遠行，離別故鄉與親人，但他一點也不感傷，毫無留戀之意，因為這個地球太小，交通十

分便利，他隨時都可以飛回去看的。而在《告一個段落》裡，有下面幾句，我特別欣賞：

> 總愛扮演一隻
> 不安分的羊羔
> 令鞭子不知所措
>
> 好在牧羊人已經成為碑文
> 羊群也散成白雲朵朵

別問他這是什麼「意思」。而我也不想把所理解的告訴你。哈哈！這就是所謂的「象徵派」。是的，象徵派的人們，一向不高興把自己的詩解釋給別人聽，因為詩是「少數人的文學」，而非「大眾化的」。我認為，台灣的現代詩和大陸的朦朧詩，全都是在十九世紀「象徵主義」和二十世紀「後期象徵主義」以及「立體派」、「超現實派」等等直接間接影響之下產生了出來的。把主題隱藏起來，不要說明什麼，這便是當今各國詩人一致的方法論。但我不能完全同意。在台灣，我雖然是第一個提倡現代詩，《現代詩》季刊，組成「現代派」，領導「新詩的再革命運動」，而且發表了重要論文「新現代主義之全貌」以及「論移植之花」等篇，但我一向主張：詩要寫得「自然」一點才好，過分的「人工化」那就沒味道了。是的，新娘蒙以一層薄薄的面紗是美的，但如果緊緊地裹以一床厚厚的軍毯，使之不能呼吸，那就不但不美，而且還要鬧出人命案子來！所以說，把詩寫得「朦朧」一點是可以的；但「朦朧」到「晦澀」的地步，那就不足為訓了。

3

在這部詩集裡，第三輯所收皆為紀遊詩，數量最多，而且也最好玩，最能引人入勝。讀了這一輯詩，你就覺得已經身在旅途中，跟著他一同旅行去了。一會兒到了加拿大。一會兒到了巴黎。一會兒到了香港和深圳。一會兒又回到舊金山和洛杉磯。幸好那個殺手揚言要在

機場引爆的炸彈並未爆炸，算我們的詩人命大。於是，這一年（一九
九五年）的秋天，他又欣然上路，飛到倫敦去觀光了。然後是梵蒂岡
的巡禮。然後是賭國摩納哥的冒險——究竟被吃角子老虎吞掉幾百幾
千元，誰知道！而總之，他這一趟的旅行是頗有收穫的。一九九六年，
第二次的歐遊更有趣了。五月三十一日，他自西雅圖飛往哥本哈根，
六月二日，他「坐在安徒生的大街那條路旁的長凳上翻閱著一本厚厚
的童話」。離開丹麥，又去挪威和俄羅斯，在聖彼得堡住了一夜，就
又「飛越格陵蘭」而回到西雅圖了。可以說，他這一回北歐之旅也是
很愉快的，因為有詩為證。一九九六年八月，在日本，他寫了一首〈
上野之眺〉：

> 上野的櫻花早已凋謝
> 名人的足跡難以尋覓

這使我回想起來，六十年前，一九三六年四月，在東京，上野公園，
櫻花樹下，那些往事，那些記憶，都被他這兩行給喚醒了。請問，我
究竟應當向他說一聲「謝謝」還是「別提起了」呢？當然，在這裡，
「名人」二字乃指魯迅而言。但也不是不可以代表紀弦我老啊！一九
九七年，王性初又到台北、澳洲、紐西蘭和南美洲的秘魯去兜過。〈
利馬街頭〉最後兩行

> 少女的眼神和胸脯
> 是國家可愛的希望

也寫得很美。好了，到此為止，關於這些紀遊詩，我就不多講了，請
各位慢慢地欣賞吧！

4

　　第四輯的〈觸摸夢境〉，無論舊夢、新夢、美夢、噩夢或是有夢、

無夢，他都抹以不同的色彩，給以不同的感覺，而充分顯示出他這個「尋夢者」詩藝之高明：情緒的組織恰到好處意象的經營煞費苦心，你教我怎能不佩服呢？請看：

> 夜夜祈夢無夢
> 無夢之夜非夜

好一個「無夢之夜非夜」！古今中外，凡詩人，誰曾說過這句話？唐人乎？法國人乎？就連我，也沒有。這完全是王性初的「獨創」。詩貴獨創，我常說的。此外，在這一輯裡，以及其他各輯，被我用紅筆畫了雙圈的詩句還很多。但我不一一提出來了，因我一向尊重讀者欣賞的自由；如果我說得太多太明白，那就對不起讀者了。

5

《月亮的青春期》既是這部詩集的書名，也是第五輯《心情之外》的第一首：

> 月亮的青春期
> 是在春天的第一個十五
> 來到的

這不就是正月十五元宵節家家吃湯圓寒假期間最富於「詩意」的一個好日子嗎？在大陸、台灣和香港，除了「不見去年人，淚濕春衫袖」的朱淑貞之外，無論何人，沒有一個不是高高興興的，快快樂樂的。然而現代詩乃是一種「發展」的詩，此詩從第一節發展下去，變奏復變奏，而到了最後一節：

> 今夜是元宵
> 啊 今夜是元宵

終於又首尾相呼應了，這是好的，這是對的。 而總之，王性初的詩藝。千變萬化，他有的是靈感，他有的是潛力，他有的是明天。

最後，這一輯，也是這部詩集的最後的一首《禮讚一碗飯》，他寫得棒極了！詩前有一段說明：「翻閱半世紀前的美國華文報紙，記載著當年華僑為支持祖國的抗日，有錢出錢，有力出力，紛紛募捐籌款，在華埠掀起著名的『一碗飯運動』。」此詩文字相當明朗，和他一向寫慣了的「朦朧詩」大不相同，而一腔愛國的情操表現得至極動人。是的，哪有詩人不愛國的？ 那就請大家多寫一點愛國的詩篇吧！

一九九七年十月十七日
寫於美西堂半島居

目　　錄

《月亮的青春期》序⋯⋯ 紀　弦

NO 1　生命段落（21首）

NO 2　異土異鄉（24首）

NO 3　浪跡標籤（34首）

<u>NO 4</u>　觸摸夢境（28首）

12　月亮的青春期

NO 1 生命段落
(21)首

生命最後一夜的推想

沒想到這個無望之夜
讓我毀滅地焚燒

原以為這漆黑的夜
儘管漆黑成一把殘酷的刀
總還有螢火蟲和星星
　　醒著
總還有依稀的月暈
　　陪著

整夜地傾聽等待的胚胎
還有胎音的振奮
以及微弱的脈沖
總恍惚著後半夜的腳步聲

通宵達旦的等待等成了黎明
所有的推論都在拂曉前殉難

還有什麼可遺憾的呢
豎一塊心碑吧
用無言鐫成無字的碑文

1987/7/4　黎明

翠 綠 的 召 喚

織織竹影
搖一樹斜陽
宇宙清新得一塵不染
無聲的情濤於心底蕩漾

耳聞黃昏金色的鷺鳴
連翠葉也佇立聆聽
萬物都因你而瀟灑
萬物都因你而嫵媚

有相聚必有分離
有歡笑必有淚滴
當快門在瞬間定格
五彩的畫面映出謎底

你和你的身影
一同沐浴陽春的溫暖
我把我的靈魂
嵌進你翠綠的召喚

1988/4/5　寫於廈門

雨後，有一場告別

倥傯地來到白天鵝身邊
（不是那三隻雕塑）
想俯拾一串往日的句子

幾滴灼熱的暮雨
炙傷了呆滯的目光

話語都說成流利的譯文
在小巷裏拐彎抹角
歸宿的利箭穿透靶心
舊事歷歷爲黃昏的醉漢

收割夏日的憔悴
細數斑斕的坎坷
也許不是這趟旅途的定額

那麼掐滅指間的煙頭
道一聲：別了！破碎的世紀
走吧
去踏濕冒著火星的大街
去乾一杯溢滿泡沫的生啤

--- 1989年寫於福建三明

被砍伐之後的回憶

所有或深或淺
　　有色無色
　　又苦又甜的回憶
都被鞭笞
都被槍決
都被赤裸裸地遍體鱗傷

記得那個很料峭的嚴冬
有白雪一絲絲地紛飛
兩鬢從此便慘烈地冷
回音壁的回音經常沒有回音
電話和電報
屢在雨天裏失聲失落

記得那個很炎熱的酷夏
有汗雨一陣陣地濺灑
遠方的汗如滴水岩的滴水
書信和照片
都泛黃成脆弱的標本

接著的回憶很青春
雙腳勇敢地踏在回歸線上
花花綠綠的屋簷
裝飾了那一季遲來的豐收

而後便沉寂便荒涼
便砍伐往事便寫詩

等回憶的森林毀滅殆盡
把思鄉的種子重新播撒
就等那個不遇的故事
陪伴著一封封異域書
長成一顆顆他鄉的開心果
於何年何月哪夕哪朝

1988/9/4

1988，那個夏季

心都被灼焦了
許多翠綠的蔚藍的夢
也跟著枯黃

渴極了
龜裂的明天等待一封
輕風的尺素
澆涼這個炎夏的燥熱

只有那一幀幀
8.5cm×12.5cm的微笑
隱藏著地球深處的淚花
只有那一朵朵
淡黃的淺紅的綢花兒
讓生命的謎語含苞

那顆熟悉的太陽
被一聲汽笛帶到海的身旁
那熟悉的腳步聲
從此陌生了小舟的甲板

於是
呼喚那詩的鬢角
便成了秋天以及冬天的作業

-- 寫於1988年一個午後

八 行 詩 十 首

A

是那片森林
是那片草地
深邃中有靜思的墨綠
輝煌中有永恆的燦爛
別問你是哪一棵大樹
別問我是哪一棵小草
我們都會有自己的收獲
收獲便是我們自己

B

殷紅的思念
鋪一地無聲的柔情
那條村道被遮蓋了
信念不會迷路
等待是那樹下根
吮吸著回憶的甘霖
當你在靜寂中流連
會聽到一顆心的回聲

C

思念斑駁在山野
奧秘若隱若現
一把水的刀刃
切割著生日的祝福
楓紅點綴的時光
老去特別迅速
有一匹感情的飛泉
定能衝開林中的那扇門扉

D

有那麼多挺拔的潔白
熱鬧地趕來參加盛會
有緣在一聲邂逅中
演奏斷弦的續音
眼前是手臂的旋渦
背景是黝黑的靛青
見面和告別都很匆匆
匆匆裏留下瀟的星空

E

有一片迷濛
有一片寧謐
往事都隱成退潮
心中的駭浪仍在洶湧
顫抖的獨木舟不會沉沒
航程裏有長著青松的小溪

當你在溪畔尋覓陳跡
會聽到一首祝福的詩

F

在清澈的寂寞裏
一塊石頭於水中驀然站出
有冰冷的溫馨
有翡翠的金黃
溪流靜靜地等待漣漪
雙眸數著脈搏
一顆隕星劃過生命的軌道
明朗的夢裏有朦朧之花

G

記憶沒有枯焦
湖邊的柳枝兒搖搖
流水洗滌著陳舊的朝陽
日子全都褪色
不求翠綠
不求嫣紅
於靜靜的湖底
埋我的思念深深

H

一道白色的閃電
柔和地撥亮雙眼
那麼多日日夜夜思念的距離

縮成了咫尺之間
冬天的手被春風溫暖
兩顆熾熱的心浸在海洋
當四片花瓣於夜中醒來，
燈光已醉入夢鄉

I

把耳語搓成遠遠的細長
沿話筒勇敢地傳遞
上帝是誠摯的信使
希望在嘴裏閃光
聲音變成了熟悉的身影
身影化成了熱烈的渴望
只要恪守永恆的信念
遙遠的夢終會實現

J

燈光醉眼惺忪
路面春雨初歇
腳步量過了愛的旅途
省略了話聲省略了離別
夜在沉默中沸騰
心在沉默中相知
當上帝賜給一個瞬間
四朵紅雲疊成了春天

1988年

生 命 的 另 一 種 形 式

一團閃光的雲
在毛茸茸的角落棲息
親昵的臉龐
在雲團中若隱若現

旁邊是另一團不閃光的雲
用生命的碎片
凝視光怪陸離的光束
擊穿脆弱的冷清

尋求一絲慰藉
希冀一絲解脫
坦誠的心失去支撐
身軀在死亡線上傾斜

活著是爲了一種痛苦
死去是爲了一種償還
這一切果眞都是虛假
生命的形式終成負擔

1988/11/4

風 箏 的 心 事

A

一切奢望都焚盡了
也不再尋覓鍍金的希冀
讓我再飛一次吧
只求有風

B

比紙還透明　潔淨
虔誠的血肉一身
蒙在
男子漢的骨骼上
最後的風箏扎好了
只求有風

C

只從樸楞楞的心中
抽一根長長的赤誠
覥腆地
親手交給你　放飛了
神聖的夢　放飛了
你揣著我命運之繩
我為你去採擷
陽光
彩霞
星辰
月華

D

如果
身影搖晃著暈眩
如果
翻起野馬的筋斗
你隨時可以鬆手　去他的
如果
考驗的負荷
嘎然斷在你的手中
我決無怨言
默默地　撕裂自己的身骸
長眠於離你遙遙的墳塋
祝福你　默默地

E

如果
烏雲放牧著內疚的頭
風抿著嘴咯咯地笑
我會把飄在藍天的信息
沿著你的網絡
惴惴地傳遞
收攏我命運的歸宿吧
讓歷經洗禮的大鵬
飛到　你的身旁
棲落　你的心中
呵　找到了　找到了
找到了
我風箏的巢
一窩嶄新的世紀

1988/12/14

窗 外 有 雨

想象在昨夜一敗塗地
心口開了一扇大窗
氣球翻著光怪陸離的眼
折斷的翅膀沉沉

踱入路邊紫紅的酒吧
迪斯科鋪一席綠地毯
旋律是千變萬化的單調
星雲燈醉得暈頭轉向

喝一點什麼什麼都不喝
只靜靜地坐著打拍子
酒吧女郎很青春
一個個臉色很陰陽

突然只有爆竹在門外嚎啕
濺一地火紅的淚花
那哭泣在訴說已近年關
明年是紅眼睛的日子

音樂聽了好幾首
白蘭地呷了好幾口
推開門要和酒吧女Bye-Bye
窗外是雨的世界

1988年年關 寫於榕城酒吧

告　　別

有一場告別
爆炸成獨木橋
架於昨夜和明朝之間

這是告別前的告別
感情的月光被空寂染白
夜幕裏有遠行者的叮嚀

那溪道彎彎的年齡
旋渦被打扮成春之宮
遙遠的海面蕩漾著蜃樓海市

新居被溫柔地拆毀

許多人笑了
許多人哭了
許多人似笑非笑似哭非哭

南方四月的雨季
淋濕了這場告別的墓志銘
獨木橋斷裂之後
迷人的危險還將接二連三

心的草原沒有柵欄
羊群和狼群
都一起歡呼
自由是一片嫩草青青

　　　　　—— 1989年 寫於一場臨別之夜

八 月 的 血 型

八月份的日落和日出
總在眺望一座海市蜃樓
超凡的雄心迫切在雕欄之上
假山於眼底迷離

懷中時有黑色的波濤
令薄薄的裙裾保持沉默
唇邊流一條湍急的溪
讓舌根浸透甜甜的麻木

兩雙腳印泊過許多小街
驚愕的目光織成無數網結
生命之魚從此失去歡愉
明日仍有新的乾涸

推一牆之隔於分別之時
心的交響長滿秋意
無憾的日子遠在天邊
靈魂的安寧全靠回憶

1989年秋日

黑 色 的 懷 念

沒想到有一種懷念
莊嚴成黑色的告別
腮邊的石頭風化
心臟的裂痕清晰可見

那帽子呼嘯著升空
黑房門的喘息聲受傷

找回那隻失蹤的小船吧
盡管它拒絕歸航

聽力和視力都已老去
絕望的傾聽危險地聳立
白晝無路可走
無處去尋覓一枚苦澀的黑果

祈願
能夠
收獲
黑色
以求
懷念
能夠
不朽
能夠
不黑

寫於出國前的一次告別

關於一個玻璃杯的悼詞

有誰會料到一夜之間
那亭亭的倩影
就升華到悠揚的天堂去
享受那豪華的順從和荒誕的寬容

就這樣無聲又無息
把那過分的可愛
濺成一地透明的淚滴
灑遍了房間所有的座標

次日的空氣很鬱悶
北風投遞單調的哀樂
陽光失神地低泣
天使的聲音是一陣邪惡

當人心拾起那一顆又一顆
半夜裏崩裂的靈魂
悼詞中留下一串懸念
一個玻璃杯為何自殺身亡

1989/9

告 一 個 段 落

灰屋的青藤
飛簷走壁了四個春秋
台階剩幾許悲愴

方方正正
歪歪斜斜
從介意的腳印
停止在一個夏日的黃昏

打結的舌頭
也停止在一個夏日的黃昏

總愛扮演一隻
不安分的羊羔
令鞭子不知所措

好在牧羊人已經成爲碑文
羊群也散成白雲朵朵

在月台尋找一幅列車運行表
岔道四通八達
命運的天空開始下雨
落一場淅淅瀝瀝的省略號

———— 寫於臨出國前的暑天

九 月 紀 事

都說九月的太陽是無憂無慮的
高興得連舞步都笑出聲音

渴望那天中午
天空頓時疼得裂開
太陽哭成一滴熾熱的淚珠
落在殷紅的梅花瓣上

預感張開血盆大口
心沉默了一個世紀
童話燃燒成幾句沉重的祝禱
唯獨上帝才知道詩的基因

破碎的天空會愈合嗎
心中的昵稱會長壽嗎

問我
問你
問夕陽幾度再紅
問明年那四個東方的島嶼

　　　　　　　　　--- 寫於來美前的一個秋日

迷　　　途

虛幻的眼神跋涉過
那條又細又長的暗迷之巷
夜空窄成一道無解的筒狀
初秋不安地吮吸
一種古老而又熟悉的溝壑

同踏過陽關大道也曾
共舞過侖巴探戈也曾
因那無法抗違的天意
把溫暖拉得很長很長
丈量了這一縷殘缺的斜陽

該熱烈的都熱烈了
該平淡的也平淡了
經歷過若痴若狂的夜盲之症
於萬箭穿心的光芒中返回人間
令眩目的燦爛迸發暈厥

細胞從此在血管中阻滯
皮膚頓時讓知覺死亡
麻木的肢體細碎地燃燒
戀舊的人呵仍舊流連於迷途
一半是幸運一半是啞劇

1989年寫於廈門

起　　　　航

翻過每一頁黎明

翻過每一頁黃昏

日光在蒼茫之中

檢閱這裏的每一塊靈岩

山風於蕭穆裏呼嘯

雲濤在靜思中洶湧

懸崖鑄一身雄性的筋骨

海鷗掠走逝去的狼煙

歷史俯瞰著遼闊的海域

記載下驕傲而又恥辱的篇章

經歷無數次血和火的洗禮

經歷無數次春夏秋冬

水手們又踏上艱險的征途

開始了勇敢的攀登

當不屈的生命聚集在甲板

我們莊嚴的旗艦

在日光雄渾的注目禮中

起錨遠航昂首挺進

　　　　　　——— 1989年寫於廈門日光岩

亞 熱 帶 的 冬 夜

冬夜霎時化了裝
變得很翠綠很暖和
任野外的風
呲牙裂嘴地搖著門窗
房內卻布置成鵝黃的亞熱帶

把那片彩色的草地
薰得暖烘烘的
欣賞過一段長長的前奏
開始講述一個寓言一個童話
抑或一首野獸派詩歌

意外的身心重負
培植出沒有高潮的影片
缺乏開墾缺乏播種缺乏施肥
貧瘠的四季碾過的歲月
使生命年年歉收

心的內疚淤積在手指的荒郊
補償的歌羞於啓口
大樹和小草的位置
何時重新分配
請告訴那隻遠走高飛的小鳥

--- 寫於來美前的最後一個冬季

空　　巢

那甜甜的透明成熟了麼
是綠的還是紫的
一串串地遙遠又一串串地貼近

什麼時候夏天
嬗變成一個個等待的空巢
　　一隻隻毛茸茸的思念
　　一團團嬌嗔的疑團
棲著
愁愁地愁愁地

無法涉足於海濱
無法涉足於湖畔
暮色很痛苦
晨曦更憂傷

怨七月無雨
怨八月無風
心沉沒於拋錨的岸邊
呼喚著救生圈的名字

燥熱過後
問幸運的溺水者
空巢也一串串地綠
　　一串串地紫
能否

—— 寫於1989年冬赴美前夕

無 矢 無 的 之 別

明天就要去遠行
辭別卻無矢無的

今晚的月亮很圓很圓
圓成一塊不語的齒輪
今晚的月光很淡很淡
已經淡得不成月光

四周是灰濛濛的荒漠
看那饑渴之舟
喁喁而行者到底是誰

權當成一次長眠的演習
沒有遺囑
沒有悼辭
沒有花圈的流寇

很淡很淡的月光含笑著
齒輪的月亮
處處是殘缺
處處是圓滿

辭別卻無矢無的
明天就要去遠行

　　　　　　　　　—— 寫於來美前夕

最　　　　後……

最後的春天沒有雨季
最後的握手沒有淚滴
最後的夜晚沒有鼾鳴
最後的笑容沒有悲戚

最後的心律必定同步
最後的祝福必定無聲
最後的問候必定遙遠
最後的送行必定深沉

最後的星光絕對璀璨
最後的花香絕對長久
最後的日暉絕對永存
最後的風景絕對清幽

最後的想象定有烙印
最後的預言定有謎底
最後的綠洲定有密碼
最後的告別定有歸期

1989年末於深圳羅湖橋畔

NO 2 異土異鄉
（24）首

下半夜的音響效果

在一片漫天漆黑中
爆發了樂曲的火山
節奏強烈地磨擦著大腿
響脆的掌聲肉麻
電子琴鋪出參差的階梯
電吉他的軟舌一吐一縮
有人在嘶喊
有人在耳語
都帶有無眠的倦意
都眨著性感的眉眼
架子鼓的呼吸聲忙碌地跋涉
間或還插進廣告的刀尖
世間出奇地寧靜
音響是夜的鈕扣
樂曲一旦消逝
夜將一絲不掛

1990/2/1

街心，有一群群鴿子

一群群橄欖枝的生命
在街心覓食漫步嬉戲
引擎的世紀潮
目光的包圍圈
雖在準星與準星之中
卻在射程和射程之外

沒有豢養的哨音吹過
讓美麗的羽毛枯萎
沒有雷電的熒光屏
使幸運輪轉個不停

已不會翱翔
早就失去翅膀的浮力
也無法遷徙
徒剩流連的惰性

一股股大麻的誘惑
腐蝕了金屬的剛毅
多少無憂無慮的天使
陶醉於飄泊的安樂窩
一旦禿鷹的親吻襲來
大地僅留下烏鴉的唇印

1990/6/19

美　國　夜

白天的喧囂已過
美國的聲帶漸漸喑啞

身軀散了架
枕著綿綿情話
疲憊地溫馨著啁啾的丘陵

窗外的風打著飽嗝
消化過剩的膽固醇
以及都市的西洋景

夜總會和酒吧間
都用迪斯科搖撼白蘭地
遙遠地傳遞不倦的節奏
街心公園
有流浪漢不歸的鼾聲
放牧於路旁的汽車
是停止反芻的畜生

電視頻道醒著
摩天大樓的霓虹燈醒著
風騷的廣告牌醒著

這個沒有主題的夜
警車的呼嘯是它的呼吸
生命的呻吟
抑或早霞的誕生
攻佔了明天報紙的版面

1990/8/1

唐　人　街

黑眼睛望穿黑眼睛
於尊嚴的季節裏歸來
黃皮膚貼著黃皮膚
癒合一代代無法癒合的傷痕

點　橫　豎　撇　捺
迷人的方塊正與藍天對話
熟悉的筆劃
填補了曠久的心空

有無數親切
有無數沉浮
都在CHINA的 china *裏盛著
都在繽紛的櫥窗裏活著

然後
用一雙雙相思的筷子
挾起了鄉音的彩虹
一道道一彎彎又甜又苦

有無數泯滅
有無數省略
都在皺紋的啼笑中
笑成一滴唐人的歷史

唐人的歷史鋪成這條街
這條街是一條龍
異邦土地上的一條
東——方——龍

—— 寫於中國城餐館

* 註：英語中，"中國" CHINA 與 "瓷器" china 是一個詞。

同 性 戀 自 由 日 寫 眞

太陽和太陽重疊
月亮同月亮相印
地球於孤寂中
不再孤寂

風和日麗的隊伍
豎起彩虹和彩虹的旗幟

那紋了身的袒著胸的露出臀的
那染過髮的化了裝的脫去衣的
無不浸透原始的幸福

那由男變女由女變男女非女男非男的
那愛滋的陽痿的性變態的以及性冷的
都在愛之外找到了愛

這是太陽和太陽的故事
這是月亮同月亮的傳說
地球於怪異中
不再怪異

不光是男性女性還是女性男性
不僅是上身下身抑或下身上身
生命的眞諦釋放之後
人類獲得了奇妙的平衡

1991/6/30 寫於
「同性戀自由日」游行及活動之後

* 中國的傳統習慣，太陽爲陽，比喻男性；月亮爲陰，比喻女性。
* 彩虹爲同性戀者的旗幟。

雨 夜 流 浪 漢

所有的門
都濕漉漉地閉口無語
連個齒縫也沒有
溜過幾個熟悉的方塊
擲下幾句臭罵
在旋轉的玻璃門上狠踢一腳

踉蹌地又上了路
數完幾棵憨厚的樹
把失望很兇地吐在垃圾桶
網燈光燦爛的窗口
咽一團苦笑

走吧
對天堂和地獄
起碼的興趣早已休克
且把幾枚崩潰的腳步
荒蕪在摩天樓下

讓古老的
嶄新的
以至貧血的驕傲
都一起去肥沃
零零碎碎的影子

1991/11/8

霹靂夜紀事

夜都夜盲了
一群群饕餮之徒
在身旁繼續霹靂舞的節目

兩圈墨綠的裊霧
助長了黑風作祟之聲
離窩鳥充當失眠的角色

只有煙灰缸刀槍不入
任憑那些猙獰的蚊們
隨心所欲地宰割生靈

棉絮的破銅爛鐵
孤獨地書寫異鄉的日記
勸告重複成無用的廢紙

患夜盲症的夜
是一位可愛的謀殺者
無形之網
是一個妖艷的幫兇

當蒼白的臉蹦跳著雀斑點點
從患過夜盲症的夜中醒來
生命的鹽份似有似無
黎明的傷口滴血滴淚

寫於來美後第二個萬聖節

北 方 餃 子 的 一 則 紀 事

用不著耽心十四層的高樓
會遙遠了心中的故土
也不必牽掛那一排落地窗
會將故鄉的風景隔離

久違的西北風刮得好親切
立體了信天游的旋律
所有在座的南腔北調
一個個抖出了原形

幾分半生不熟的悲愴
若干似笑非笑的愁容
都在擀面杖的興奮下
有了黃土地之外的空間

異國的韭菜盡管又嫩又香
北方餃子的情結卻根深蒂固
大伙兒用刀叉和筷子
分享了青島啤酒的執著

1991/6/29

壁爐之火在平安夜燃燒

對著紅紅綠綠的聖誕卡
壁爐的火焰細語
平安夜的氣氛豢養無數佳音
聖誕樹迎接可喜的凋零

窗外寒風已枯黃
屋內室溫正年輕

夜在異國的土地上平安
火在他鄉的壁爐中憂傷
星星和月亮的內臟皆移植已妥
感覺是一株株無根之蓮

肥沃的音符澆灌著斷續的相思
茁壯了心的愁苦
此時沒有樂曲可以替代
消逝的地平線
紙上的歲月
以及安息於平安之夜的平安

--- 寫於來美後的第二個聖誕節

早 晨，巴 士 的 功 課

太陽東升在他的溫床
許多人已趕路匆匆
巴士的門開了又關關了又開
乘車的人上了又下下了又上
都在注視車輪的動靜

它照常閱讀街道閱讀紅綠燈
閱讀流浪漢淡漠無助的眼神
時而一目十行
時而心不在焉

車上的公民都很安份
車廂的風景卻很多樣
有的在閉目養神
有的在張目凝視
巴士仍在繼續早晨的功課

大伙兒放心得出奇
從不憂慮巴士的目標
到站了該下就下該上就上
一路上該走就走該停就停

司機的操作忽左忽右
極少按動喇叭喇叭不響

是他指導巴士的晨讀
把握功課的進度
管他本身也許是文盲不是

乘客繼續演繹腳下的里程
白日夢繽紛在連綿的櫥窗
駕駛的師傅已經年老
巴士的乘客卻還年輕

1992/5/4 於巴士站

貧民窟的不眠之夜

我們睏乏成一堆瓦礫遠處的
混凝土攪拌機卻徹夜鬧翻天
他逼著那一群
細沙、鵝卵石、500號水泥們
舉行婚禮
　嬉笑著跺腳吹口哨
　跳著刺耳的呼啦圈
　喝著發狂的自來水
然後乘升降機到第十九層
躺在鋼筋床上過新婚之夜
他們肆無忌憚地把我們夢中大廈
全摧毀
　一層又一層
　一座又一座

1992/12/11

春 節 的 故 事

夜退居幕後
黎明沿心的河邊款款而至
這是一次情感的判決
星月從此被流放終生

無數漆黑的太陽
輾過漫長的平行線
故鄉的雲風塵僕僕
一切都在意料之中

那夢中的樹笑在銀柵欄之外
疲憊的心曾想靠在柔枝上
讓萬千放飛的鴿子停棲籠內
今朝雙眼輝煌

來到貼滿花卉的世界
只剩下無聲的對視
人間經歷了坎坷的淘汰
虛假都沉澱爲沙

金子般歡樂十分痛苦
它透明成一隻馴良的玉兔
沒有遺憾沒有後悔
痛苦才是永生的幸福

--- 寫於來美後的第二個春節

中 午 時 分 的 餐 廳

太陽的目光停在自己的腳尖
顧客的腳尖停在餐桌底下

貓王的舌頭打結
在玻璃杯大瓷盤裏沸騰
滿牆的吉他和白金唱碟
都被凝固於搖滾樂中
咀嚼與節奏同步
中午的世界是繁忙的王國

膚色被烹調
親吻被烹調
電視廣告被烹調
賬單和小費被烹調

威士忌濺出放蕩的笑渦
兩塊漢堡包高聳著
蒸發出許多肉色的調唆

橫沖直撞的車禍還在蔓延
消防的警報故作啼號
女招待穿梭在睡蓮之列
不在乎音符的騷擾

整個環境在嘈雜中和諧
正午的餐廳蓬勃著星條旗風味
人們幹過了花花綠綠
看看屋頂正在飄揚的神聖
冷笑淡成一抹午後的灰雲

1993/7/2 寫於 Hard Rock Cafe 餐廳

不 是 一 所 放 假 的 校 園

空蕩蕩的如同一個空瓶子
華麗的瓶塞緊閉

鶯飛蝶舞的喧嘩
已成已往的已往
來日的復甦
正在等待復甦的來日

懷疑不懷疑
在一個非常春天的季節
開花的短裙還會重新五彩
五彩在一片花紅葉綠的五彩中

如果蕭條又將懷孕
再度放假的告示
很快就會摧毀大地的神經

1994/2/28

小 憩 的 風 景

當太陽不帶丁點兒傾向性
當血管中的含糖量急劇升高
兩顆星星暗淡了
一座小橋橫臥

樹和花逐漸形成陌路
遠方的電視塔正飽嗝徐徐
幾隻貓有公的也有母的
用爪子打著調情的暗語

窗外盡是彩色的標點符號
鬧鐘的情緒恢復平靜
要尋找聲音嗎
地球已變聾啞

炙熱肅然地漫上身來
日光已經開始慍怒
趕緊猛踩引擎的油門
公路又平添了無數盲目

1994/3/29

春 天 的 死 亡

許多春天的年華，被兇惡的子彈射穿在春天……

春天埋葬了春天一樣的生命
溫暖的悲劇已習以為常
二億多「自由」的槍枝
在廣袤的土地上發狂

摩天大樓的森林
頓時被血跡塗染
車水馬龍的街道
槍聲和警報齊鳴
朝氣蓬勃的校園
被無數烏黑的槍口所瞄準
美滿幸福的家庭
被冷酷無情的子彈所拆散

情侶失去了戀人
祖母失去了兒孫
國家失去了安全
大地失去了笑聲

罪惡變成了餐桌的佳餚
殺戮造就了歹徒的財富
監獄只是過夜的旅館
民主只是槍管中的來福線

春天一樣的生命埋葬在春天
悲劇還在春雨淅瀝
二億多善良的人民
躲在星條旗下顫慄

1994/7/24

夜 之 血 泊

—— 報載：那一夜，兩個兄弟殺死了他們的雙親……

裂碎的戰慄自天花板瀉下
血的泥石流從天而降
鄰居驚惶失措
決堤的呼號衝毀小鎮

垂楊於風裏老去
屋簷在眼中詔笑

七嘴八舌的語句水泄不通
燈光是狼目迷離

有很長時間這裏太平無事
今夜有紅紅的快感
警車的喇叭是馬後炮
人性變態的狂潮洶湧

圍觀者的口舌漸漸離去
夜漫成一灘血泊
浸濕了明朝淋灕的旭日

1994年

棒 球 之 死

--- 寫在美國職業棒球季 · 一九九四

棒球在一個燠熱的季節
死了
死在綠茵茵的棒球場
死在億萬球迷的等待中
熱鬧已成往事
只有寂寞的風
　　悠閒的鴿
游蕩
在空空的座位上

再沒有歡呼的掌聲
沒有雀躍的激動
沒有屏幕
沒有電波
沒有比分的水銀柱
沒有可樂

失望淹埋在心底
憤怒如摩天高樓聳立
談判桌上有另一場球賽
語言的棒球亂飛
齷齪的手腳痙攣

球員和老闆
個個醉心於
掄起用美元鑄成的球棒
狠狠一擊
擊中了球迷
擊中了美利堅
那顆脆弱的心

　　-- 1994/10/4 寫於美國職棒球員罷工的日子

第四十五片支撐的枯葉

遠山鑲著明媚的講述
手上的露珠在眼裡發光
低下的頭已經模糊
唯獨往事總是輝煌

守著湖守著夜守著傾瀉的瀑布
最終只有一紙輕輕

白晝殞落
夜幕闌珊
風在眉梢凝神
那條默默的河又翻著波瀾

無法測知水的深度
無法測知山的巍峨
落葉的季節正在眼前
造林的忙碌遠在天邊

等這一切都彷彿過去
便刻意株守丹田
窗簾已姍姍走過
夜裡的雷聲多麼燦爛

1994/10/5 於波士頓

一次塌方後的第六個春晨

許多孩子都失蹤了
陽光沒有丁點兒哀傷
冰冷的脊背青灰成一堵堵厚牆
老人從此反復無常

個性化爲烏有
身影折疊著歲月
嘆息的重量朦朦朧朧
肋骨的黃昏藏著狹長的小巷

春的窗口很風景
皺紋錄下了無數荒誕
扭曲的臉龐鎖著銹錨

到百慕大去尋找藍藍的眼睛吧
飄泊的旅程
淹沒三月浪峰

—— 1995/3 寫於老人公寓

彩 燈 亮 起

宛若一位豆蔻年華的少女
被密密麻麻的音符點燃
玻璃窗罩著白手套
罩著紅唇罩著血色的被單

枯樹的生命開始潰爛
繁華的大街罕無人煙

靜靜期待彩虹的恩賜
節日的夢境淒涼又沉寂
披金戴銀原是一身珠網
五顏六色的慶祝全是垃圾

黃昏開始慢慢地引誘
直至一雙粗手伸向按鈕

人間突然睜開所有的眼睛
閃閃爍爍亮成虛構的新聞
輝煌的時刻令人窒息
窒息中誕生了滲血的青春

—— 寫於1995年聖誕節

面 對 赤 膊

都市的新聞是脫衣舞孃
登場後便一絲不掛
從髮根到腳指
渾身上下乾淨得充塞污垢
衝出房門去罵街
瞪著眼睛噴唾沫

迷人的禿鷲披頭散髮
拔一撮午夜的羽絨
販賣飽含咖啡因的飲料
推銷文字畫面與音響

肝和膽都失色
心和腸都寸斷
一串碎玻璃的詞藻
無憂無慮地漫街咳嗽

嶙峋的民族
熱衷於無稽的對峙
無論滅亡還是新生
都透明都可笑

1996/3/2

走 向 賭 場

幸運的陽光刺眼
高速公路輪底消逝
周圍與心中
有嘩嘩聲響匯成無數洞洞

同行者很悲壯
未曾寫下烈士的遺囑
只等閃爍的午時開斬
人人都無畏地慷慨就義

1997/7/20 於Reno 賭場

鐵 路 線 風 景

兩條平行線平行成無窮的遠方
將兩側剁爲雜碎

有塊狀有條形更有弧線
有綠蔭有斑駁更有雲煙

點點掠過線線掠過面面掠過
時走時停分秒不差

車廂內啼哭很悅耳
車窗外唇印很短暫

平行線有個沒有盡頭的盡頭
生命正鑲在盡頭的框內

1997 / 8 / 8
寫於舊金山一聖荷西列車上

NO 3 浪跡標籤
（34）首

等 待 帕 克

等待維多利亞——帕克
她是一艘準備開航的巨輪

等待街頭歌手一支又一支
浸透異國情調的民謠
等待那遠遠走來的漢子
脖子上捆著一條蟒蛇

等待陽光灼焦皮膚
時針緩緩地作水平移動
等待海水把眼睛逗得發藍
發藍的眼睛逗得你發狂

抽煙的看書的拍照的漫步的
一切都在耐心地等待

我的心空在等待落日
我的心海在等待月出
感情的潛水艇在等待浮升的解脫
希望的氫氣球在等待降落的渴慕

當港灣的鐘聲敲過五點已是黃昏
汽笛也隨之宣告等待已有了下落
維多利亞輕輕地搖晃
等待帕克的腳步越過了船舷

哦，暈船的感覺真好
歸航是許多星星的童話

1993年寫於加拿大溫哥華

維 多 利 亞 之 夜

海是一枚熟透的夢
枕著淡淡半月

有歌手築起吉他的巢
孵出一支支幽揚的歌
聽歌者用閃亮的銀幣
去優美膜拜的心

波光以那洶湧的腳印
稀析海灘的鷗群
裙裾的感覺
疏離了海底公園的白晝

暗香炎熱在石凳的逶迤之中
旅游日記滿載著異鄉的流吟

汽笛狂放地佇立在遠方
獨留殘餘的呼喚餵養自由的魚群

這是一個沒有骨骼的夜晚
維多利亞
一座用海的眼睛凝成的都市

1993年寫於加拿大維多利亞港

珠　寶　商　店

鉤狀的目光是矛是盾是野馬脫韁
射進透明的櫥窗
五顏六色的驚嘆
浮起萬千玲瓏的美夢
頸上的指上的腕上的耳上的夜
都炫目得沒有邊緣
向往正盲目地痴笑
失去常溫失去常態
花朵的青春期回光返照
被很溫暖的瓶子養著
採擷的日子
總隔一道玻璃的國度
童年的裝飾品
成年的定情物
懸掛著傾心的虛假
鑲進了虛假的傾心

--- 1993年寫於法國巴黎

咖 啡 廳 情 調

要一杯略帶苦澀的悠閒
加進甜甜的方塊
把身子埋入綠燈的睥睨之角
立式鋼琴撩撥著春心

咖啡這玩意兒
過去許多人不曾領教

咱們有鐵觀音有龍井
還有大碗茶咕嘟咕嘟
如今也與那個雀巢哥倫比亞
還有瑞士方糖加伴侶

穿著西裝打著領帶
連說話也變得溫文爾雅
用小勺輕輕攪拌
攪拌著一種陌生的文化

當杯中飄起一陣歐洲古典名曲
人們喜歡上了不甚喜歡的咖啡

1995/4 於深圳一間咖啡廳

失眠，躺在香江的土地上

任霓虹燈微笑著微笑
任汽車的馬達繁忙了街角
躺在香江的土地上
細數回歸的脈搏

白天的文字都已入睡
夜晚的興奮卻仍清醒
離別了多年的高樓
地鐵電車和親友
都成了兩眼的瞳仁

一百五十年前的一天
命運的臍帶被一刀切斷
卻止不住失眠的胎血
直至又眼睜睜地躺在香江邊

這一夜是一窩幸福
幸福著失眠的歸程
枕三枚時針的腳步
直到陽光鍍亮了中銀的劍鋒

1995/4/12 於香港銅羅灣

等候一杯黑咖啡

用一種超短裙的姿態
招搖
斜視
在咖啡廳半圓沙發裏

目光掃蕩著煙灰缸啤酒杯
麻木
失血
心中反覆掂估著夜的分量

青春是一種妖艷的容器
眼影
口紅
都在等候著一杯黑咖啡

一個默契一陣合拍
摟腰
舉步
走進刺青走進刺紅

　　　　　　　　　——1995/4/19夜　寫於咖啡廳

顫 抖 的 翅 膀

—— 正當放置"郵包炸彈"的殺手揚言要在洛杉磯機場引爆他的
傑作時，我由舊金山搭機抵達 L.A.。

> 每一位旅客
> 都攜著一箱滿滿的恐怖
> 每一位僱員
> 都伸出警犬長長的耳鼻
> 機場籠罩著團團妖霧
> 待飛的銀鳥奄奄一息
>
> 生命變得賤如螻蟻
> 時針變得膽戰心驚
> 說不定有一聲悅耳的爆炸
> 實現了一場等待的噩夢
>
> 通過了一層層視覺的解剖
> 跨過了一道道相貌的關卡
> 揣著忐忑
> 拎著不安
> 把命運交給死神去招聘
> 將僥幸送還復活去歡欣
>
> 終於升空了
> 廣袤的藍天依然是明朗的地獄

終於降落了
洛杉磯跑道暫時是危險的天國

步出機場擠出一臉苦笑
喊一聲 AMERICA 擦一把冷汗
顫抖的翅膀卻引爆了
星條旗上的五十顆炸彈

1995/6/26 寫於洛杉磯機場

機 場 的 其 他 日 子

今天的眼裏高掛著風向標
男男女女拎著方的推著圓的
去赴萬里之遙的約會
邂逅是個熟悉的啞謎

要一杯咖啡加點方糖（夠味道）
在角落裏品嘗孤獨和喧鬧
旁邊的座位有一雙假肢
照樣可以騰空去尋找藍天

其他的日子也許相似
相似的日子排除了現在
用玩世不恭的步伐跨過裸體
意外的聲音不曾來臨

依然需要培植耐心
太陽落山的心情開始黃昏
隨著夜幕痛苦地誕生
其他的日子與今天相逢

　　　　　——1995/9/15 於飛往倫敦的班機上

九 月 的 英 格 蘭

秋風落在英倫三島的屋頂
旅游的大軍紛紛潰退

逆著人流眺望倫敦的塔橋
心和眼都有寒意
凄雨淅瀝著唐寧街的門面
太陽躱在東方竊喜

往後的日子難卜
陰晴未定於今明
雙層巴士在都市遊蕩
左右攪亂大腦的神經

地鐵的流浪漢彈著吉他
蘇格蘭的風笛染紅格裙
樹梢的枯葉憂悒地等待
等待另一場遠東的寒流

人們的臉上缺少春天的表情
不久將是退房的時辰

—-1995/9/20 於倫敦旅館

梵 蒂 岡 的 足 跡

二百八十四根擎天石柱
撐起一頂羅馬教宗的皇冠
信男信女和羈旅玩客
或游手好閑或頂禮膜拜
於廣場於教堂於城中之國
這塊神聖的方舟

鴿子嘴上的橄欖枝
聖母懷中的獨生子
塑像站成游兵散勇的隊列
有的斷臂有的缺頭
故事貼在穹頂欲飛欲墜
既拯救世人也拯救自己

教宗習慣在層樓頻頻招手
向廣場撒下銀色的希望
教堂內總是擠滿信徒
黑袍裹著神聖的是非
當彌撒的鐘聲響過
便得知靈魂已獲重生

無須歷數千秋功罪
不再評論昨日今天
一本厚厚的燙金寶書
築成人類精神的長堤
權力＋財富 ＝ 十字架
是教宗書中無言的真理

1995/10/3 於歐洲旅游巴士

賭 國 的 項 鏈

傍山依海的摩納哥
盛開著迷人的誘惑

一雙雙饑渴的餓腳
踏進了輝煌的宮殿

「輪盤」轉動著幸運的晨曦
「骰子」蹦跳出失望的嘆息

「百家樂」樂得啼笑皆非
「老虎機」張開血盆大口

揣著失落揣著無奈
無法掩蓋人性的悲哀

熾亮的街燈眯著媚眼
是賭徒脖上血的項鏈

1995/10/4夜 於蒙地卡羅賭宮

白 蘭 地 的 觸 角

三萬英尺藍天的度數很高
有白蘭地的甘醇
爲品嘗她的觸角
向空姐要一瓶金色的皇冠

一行隊伍在眼前焦急
那是酒後的例行公事

仍舊獨酌那杯白色
讓透明舔盡全身
暖烘烘地參照著窗外
窗外是零下50度的酒窖

沒有今夜沒有明朝
白蘭地的芬芳從指縫流過

1996/5/31　西雅圖—哥本哈根班機上

白 天 的 幻 覺

高空的夢轟然作響
穩穩地飛翔
青山掠過森林掠過海洋掠過
超音速地浮在萬米蒼穹
輕似白雲一朵

夢夜的召喚
夢愛的蓬勃
窗外的翅膀猛烈顫動
將懸空的夢震得有一點破

假若一旦夢碎
怕嗎？

96/5/31 於舊金山—西雅圖班機上

下午，安徒生大街

丹麥的哥本哈根
下午四時的天氣有一點碧綠
坐在安徒生的大街
那條路旁的長凳上

翻閱著一本厚厚的童話
很親切又很陌生
將眼前的所見所聞
風景成書中各色人等

皇帝的新裝依舊
大臣的獻媚依舊
灰姑娘的悲喜劇依舊
海的女兒裸體依舊

讀完暮色再讀白夜
人生的童話大街般悠長
站起來想重新學步
神經錯愕成安徒生之靴

1996/6/2 於哥本哈根安徒生大街

白 夜 的 失 眠

仲夏步步逼近挪威
子夜白得等於白天
奧斯陸很亢奮很沒有睡意
大街都醒來醒去地睜著雙眼

躺在床上溫習旅程
海風輕輕於碼頭吹拂

酒心巧克力不懷好意
甜甜地醉你的詩情
讓你的韻腳錯亂

翻來覆去地重複無聊的往事
白夜依舊年輕
精力旺盛的太陽不肯休息
失眠的事故難免

等到拂曉時分
日出的接班已成定局
不分白黑不分晝夜
白日之夢一再繼續

1996/6/6　於挪威巴士途中

殘 雪 的 輓 歌

一個季節戰勝另一個季節
山峰的皇冠逐漸崩潰
狼籍的白觸目皆是
冰川期的皇朝苟延殘喘

大地處處被春天嚙咬
露出嶙峋的骨骼
長久的冰封已經不再
不可一世也曾
肆虐一時也曾

改朝換代的春風掠過
徒剩岩石頑固成歷史
一陣春雨又來
送葬的隊伍目送冰雪的棺木

1996/6/6 於挪威巴士途中

穿越隧道的音樂

一道道黑色的音符
穿越大山的心臟

從光明進入一個未知的世界
又從未知的世界沖進了光明
有脈搏跳蕩起伏
有車流耳際轟鳴

旋律攪拌著痛苦的掙扎
心中只盼望有初晴

樂曲繼續在穿越黑色
隧道始終在黑暗中跟隨
崎嶇的白晝和顛簸的平坦
織成了生命旅途的經緯

96/6/6 4:00PM 於挪威的一個隧道中

舊城與新城之視線

舊城說舊不舊說新不新
老屋說破不破說壞不壞
黃黃的灰灰的建築
有雕像和真人站崗值班

西方皇帝長眠於教堂
四周都金碧輝煌地重現歷史
每座舊屋都住過故事
說真不真說假不假

新城說新不新說舊不舊
新屋說低不低說高不高
紅紅的亮亮的樓房
有招牌與霓虹燈誘惑平民

接近北極圈的百姓很蒼白
只有貓狗才了解主人的心事
新城和舊城既相生又相剋
橋梁與街道是尚未硬化的血管

1996/6/10 於斯德哥爾摩

眺　望　荒　島

荒島的眼睛是一聲聲嘆息
沒有人煙沒有足跡
過盡千帆過盡日月
星星的淚滴滴穿了岩隙

燈塔守候著貞節
海風哭訴著孤寂
唯有旅人短暫的目光
一遍遍撫摸荒島蒼涼的膚體

　　　　　96/6/11　於斯德哥爾摩─赫爾辛基
　　　　　《海盜號》游輪甲板上

聖 彼 得 堡 的 沉 重

理想被判處過多次死刑
有一次於許多年前
有一次於今天

整片新村被粘成一塊布景
窗戶與窗戶交頭接耳
互相窺視彼此的隱私

空氣被過度地呼吸
令人窒息得表情休克
哭聲被隔在窗簾之後

抵達彼得堡是一種經歷
經歷過理想的妊娠
經歷過理想的夭折

1996/6/14　於彼得堡

棲宿俄羅斯的最後一夜

遠山已經晦暗
暮色卻還透亮
最後一夜的絲帘半捲
捲進一世紀的鐮刀斧頭的鐵鏽

齒輪的巨牙早已磨損
咬不動隔夜的硬麵包
只有底層的貓兒正在叫春
是白是黑尚待分辨

晝夜依然沒有界限
涅瓦河畔仍舊迷人
屏幕上的舌頭頻頻轉換
票箱裏的空氣渾沌不清

明天的陰晴雖無法判斷
次日的旅程卻無法更改
換一夜夢的盧布
天邊的曙色已來

1996/6/15　於聖彼得堡旅館

雪 山 寫 意

　　從一萬米高空的舷窗
　　俯視腋下的雪山
　　是一種冷的線條

　　那終年白皚皚的積雪
　　只是眼神的輻射
　　白得令人發昏

　　零下幾十度的疏忽
　　鑄成了千古奇觀
　　逶迤了多年的蛇陣
　　擺脫過火藥熱情的招待
　　才劈出小徑一條

　　用褐色象征河流的乾涸
　　用黃沙去掩蓋塞外春色
　　不毛之丘開出了罌粟朵朵

　　幾十年的寒冬突然解凍
　　杯中的殷紅開始溏瀉不止
　　咂一咂時空的品味
　　發現雪山的黑痣已經消逝

　　　　1996/6/16　哥本哈根－西雅圖班機上

飛 越 格 陵 蘭

格陵蘭是本虛構的童話
寫滿了一片空白

冰川是故事的主題
雪山是單純的情節
人物在這裏省略
北極熊是書中的標點

令人無法張眼的目眩
注定使輝煌稱王稱霸
那千秋萬代的雪盲
替代了瞳孔的頌歌

萬里晴空加上千里冰封
使陽光更加肆無忌憚
純潔的炫耀鋪天蓋地
靜止的世界被認定無瑕

閱讀格陵蘭只需瀏覽
幾個小時便跨越了長篇
人類只能從上空窺視
熔化嚴寒要用生命的熱血

寫滿了一片空白
格陵蘭是本現實的童話

1996/6/16 5:13pm
寫於哥本哈根—西雅圖班機上

甲板上的吉他聲

海風在耳邊絮絮細語
海水在船舷隨心所欲
救生船在半空展覽
吉他聲於甲板上俯伏

太陽還在地平線上執政
遠遠地對世界恨之入骨
眞擔心琴弦突然繃斷
咸咸的陽光會塡滿船艙

　　　　1996/6/19 9:30pm 於斯德哥爾摩─赫爾辛基
　　　　《海盜號》游輪甲板上

鼾 爲 樹

右側友人的眠床
是鼾聲的沃土
每每入夜都從那兒
茁壯出一棵棵參天大樹

鼾葉嘩嘩
鼾枝密密
鼾果纍纍

動聽的旋律在隨風招搖
美妙的節奏是核彈試爆

無法在樹蔭下合眼
無法在樹蔭下圓夢

當陽光刺進窗簾
鼾聲才霎然枯萎
迎著36。C的高溫
滿目是鼾樹的殘枝敗葉

1996/8/22於日本前橋市東極旅館

上 野 之 眺

去魯迅的上野
在雨中在許多平行的線條上
停停走走走走停停
慢有慢的品味

濛濛的綠貼滿車窗
車廂內兩排圓圓的空懸
廣告的色彩讓周圍忙碌

一個站台又一個站台
一塊路牌又一塊路牌

各種各樣的火災時時掠過
前進的槍聲終於停歇
上野的櫻花早已凋謝
名人的足跡難以尋覓

誤過了花期就是誤過了生命
上野徒留憑吊的目光

1996/8/28 寫於日本上野

候機廳的一次難產

候機廳是間偌大的產房
一次難產
在起降的屏幕上預告
用過了免費午餐
心情仍未雲開霧散

身旁有空姐五六
青春得令人雙眼發暈
那口紅竟白白地被糟踏了
盡管是處女之身
也無法逃脫難產的厄運

據說難產的過程很短
一兩個鐘頭或是半晌一天
無可指責無奈指責
老天是原兇
變數無所不在

耽誤是一種美麗
延遲是一種福氣
直等到禁令一旦解除
那盼望之嬰
將把隆隆的啼哭灑在天際

1997/1/30 於舊金山機場

人 造 之 夜

午餐或晚餐剛剛落幕
舷窗就被自動以及被動地拉下

機艙裡的溫度很適中
光線也陰暗得令人健忘

外頭是黑夜還是白晝
都被空姐有意無意地忽略

所有旅客都被告知
夜晚已經在艙內降臨

於是在人造的夜幕中
鼾聲成了引擎的伴侶

當酣睡飛越海洋飛越山崗
艙內的動物於惺忪中半醒

享受過一場高空的騙局
心情半是精彩半是有趣

1997/1/31 於舊金山-台北班機上

無 題 的 白 色
---寫 給 雪 梨 歌 劇 院

有幾枚海貝的音符
精心地隨意在雪梨的衣襟
很白很白的錯落
讓錯落迴響成海的旋律

有幾瓣鮮橙的變調
靈感地浮想在澳洲的冠冕
太多太多的神奇
叫所有的建築驚詫撩亂

沉浮在紅色的板塊上
多姿的動作化爲一體
心靈的交響漫過堤岸
榮譽讓雪梨更加雪梨

步進外殼的台階
斧足在舞台上蠕動
腰肢伸展成天鵝的翅膀
腳尖有飛越之美

離開海貝離開鮮橙
品味著白色的魅力
從此不再相信一切結構
結構恰是想象的叛敵

97/5/7 寫於雪梨歌劇院聆聽交響樂之後

潛 水 時 的 遐 思

以一種魚的姿態
封鎖親切的鼻腔
用 MADE IN CHINA 的面罩
通氣管和鴨腳板全副武裝後
在二度空間自由往返

開始重演進入母體的境界
呼吸成魚類的方式求生
防水鏡隔著兩個世界
魚和人僅有一層透明

與飄浮放蕩的水母約會
和似醒似睡的珊瑚摩挲
潛水時一串濕漉漉的詩句
蛻變成了澳洲湛藍的水族

沒有鰓沒有鱗
沒有鰾沒有尾
游弋於水的國度有膽怯的新奇
和魚共處容易培養和諧
與人來往卻需千倍勇氣

1997/5/10 寫於大堡礁潛水後

赭 紅 色 夢 境

　　澳洲的土著有傳統的安納古（ANNAGU）文化。一代又一代
土庫巴（TJUKURPA）故事流傳了幾千年。土庫巴有時被翻譯成
「夢境」。它包含著一部浩瀚的口頭歷史，向人們展現了如今即將
滅種的現實。

在一個罕見的雨天
去參觀和體驗澳洲的夢境
心也跟著淅瀝
濺濕了乾渴的荒漠

看傳統與現代的經緯扯成一團
為了胴體的色彩和躁動
為了血統的純粹與呆滯
為了無拘無束的時空
為了兩隻赤裸的腳板
為了幾千年來頑固的遺誤
為了千秋萬代神靈的復甦

五彩的圖騰抵擋不住白色的入侵
土地的主人終於淪為土地的奴隸
所有古老的文化都廉價為裝飾
所有淳樸的遺風都漂亮成點綴

赭紅的土地正在哭泣
浩瀚的歷史正在泯滅
踏著鬆軟又異化的砂地
黑色的語言成就了眼珠和鏡頭
涉足的人們只是爲了獵奇
獵奇一枚落日的遺骸

1997/5/13　寫於參觀土著居民點後

墨爾本的落葉

北半球的初夏
正是南半球的暮秋
季節倒立在足跡的胯下
令一切有了輝煌的驚嘆

滿目落葉黃色了視野
綠樹開始重新生活
雖然不是調情的時光
花卉仍有獻媚之作

黑天鵝在湖中自由自在
黑螞蟻在路邊無所事事
墨爾本已經很秋了
秋了落葉秋了城市的路標

告別沙漠是一種黃的經歷
秋的墨爾本是另一冊黃的詩集
讀你寧靜又舒展的胴體
古老中帶著美麗的矜持

1997/5/16 墨爾本至紐西蘭班機上

午 後 的 翅 膀

一條長舌伸向蔚藍
轟響著白雲的夢鄉
舌下是崇山峻嶺
以及崛起的變形

飛翔的感覺是一種陽光
將輕微的顫動波及全身
耳膜裡傳來琴聲的數碼
氣溫懸殊著南北兩半球

飲過橙黃飲過赭棕飲過絳紫
兩顆南美的風情可餐
再回首右側長長的浮力
生命被撥快了三個小時

1997/7/30
於洛杉磯 ── 利馬航班上

利 馬 街 頭

記憶是穿梭的車輛
匆匆而來匆匆而去

大使館的槍聲被時光抹盡
西班牙的建築顫顫危危

遍體鱗傷的破TAXI
滿街咆哮著自如
四個圓圈為生存而創作空間

紅白旗下的流浪漢
度過南半球的黑夜
睡眼惺忪地享受乳霧之白

利馬正在舔平罪惡的傷口
少女的眼神和胸脯
是國家可愛的希望

1997 / 8 / 4
寫於秘魯首都利馬街頭

NO 4 觸摸夢境
(28)首

尋　夢　者

掐指頭半載已過
夜的河床每每枯竭
夢是河底之魚
溜掉的溜掉
死去的死去

至今無夢
無夢之夜是黑色的白天

於是
夜夜祈夢無夢
無夢之夜非夜

又想起那時節
夜的河床每每泛濫
常有美夢與噩夢溢出
伴隨著囈語笑語
在河底歇斯底里

反覺有趣
有夢之夜是白天的黑色

可知否
夜夜藏在夢裡
夢夢匿於夜中

寫於來美半年之時

白 髮 自 供 狀

你的大地曾是一片烏黑的健康
你青春的鋼鐵堡壘無懈可擊
我沒有一絲立足的餘地
知趣地銷聲匿跡

環境的變遷為我吶喊搖旗
歲月的痛苦助我一臂之力
你離愁的大海
你重擔的高山
成了我可愛的幫兇
亦是我秘密的武器

我開始用白色的蒺藜
構築我反攻的前沿
展開了全面的反擊

全方位的黑白戰線
互相滲透犬牙交錯
爆發了殊死的肉搏

我終於用白茫茫的冷酷
統治了你那顆衰老的地球

1990/9/4

日 記 之 外

二條平行線仍在延伸
問號飄浮而連綿
粼粼的情誼蔚藍蔚藍
陌生的魚群享受淋灘的陽光

　孤獨的歌唱遍以往
　難道從今不再

有無數縱橫交錯的疑惑
有許多參差不齊的慰藉
當一切曾經化為曾經
期待是一扇簇新的門

　望山外青山天外天
　午後的身影漸漸茁壯

　　　　　1990/12/7 寫於來美一週年

秋 天 的 風 鈴

搖曳的手旌旗飄逸
有鈴聲陣陣報答秋空
不知曠遠不知深邃
心事日益透明

春夏秋冬無形地演出
霧雲星月攪渾了清淚
自從別離那個凝固的岸
步履幾多蹣跚

時而墜入夢幻的麻木
時而析出冷峻的蘇醒
無法沉澱無法升華
令生命貧困而奢侈

日復一日的艷陽天
貯蓄了鈴聲的祈求
問窗外那棵無根之木
何時找回往昔的葳蕤

—— 寫於來美一週年

黃昏的失落

淡綠的縈懷長出枝丫
山丘佈滿視線的雲塊
樹林已抹去痕跡
蹉跎的背影爛醉爛醉

杜鵑的心聲在拂曉啼過
蒼白的身軀此時正熟
孤獨失重於床上
門檻關得緊緊緊緊

天空的眼皮低垂
大地皺成鬍鬚的詩句
小屋之壽命深不可測
活著還是死去都像抽支煙

現在就開始收拾遺物
僅有三兩星辰半彎殘月
留給別後的信箋
留給酣夢的故鄉

1991/12/20

觸 摸 一 個 舊 夢

牆壁還原成冥想的魚鰾
心血沸騰到冰點
混沌中瞥見你的分裂
夢依稀長出枝丫

瞳孔的背後是憔悴的額頭
明亮的溪水發顫

死去的肢體是打谷場的吶喊
活著的影子是手腕上的旗語
歡愉地撫摸那風的微笑
擁擠的歲月依然那麼年輕

你追訴我流星的殞逝
你知道我黑色的降落
你理解我橙色的格言
往日一起栽種的笑聲
今夜已在夢中重新收獲

曾任其荒蕪
任其閃爍
任其晶凝含糊的呼吸

隔著千里的緘默
摘一枝抽芽的思念
一下子噴出
失去回歸線的吼叫

醒來
你仍站在早被淹沒的夢中

寫於1992年某一夜的夢後

蟬聲的履帶碾過那個夏天

蟬鳴一團團一錘錘
是一把把血淋淋的匕首
四面出擊
刺進無辜的窗櫺
在屋裏翻箱倒櫃

人們虔誠地束手待斃
任憑這夥夏天的黨徒
給自己裹上酷熱的麻木

它沖向旗桿
和那裏的高音葵花會師
穿橄欖綠的母雞
產出了怪胎
發情的雄獅
瘋狂地發表最後通牒

熟透的葡萄
受不了蟬聲的拷打
那脆薄的皮膚
發紫的血汁四處噴吐

蟬聲統治的那個夏天
沒有人會忘記
沒有人會喜歡

1992/7/8

凹凸鏡的一種亢奮

感覺定居在一個永久的通訊處
喧鬧佔領了暮雨北方
兩面都是透明的語匯

是想象射透疊花
是激光穿越古井

不管放大抑或縮小
總希望在重疊的紙上
有許多看得見看不見的眼睛

太陽變得很小很小
螞蟻長得很大很大

用睡去的日子兌換醒來的時光
用變形的數字吞噬股票的黎明

我們情願被透明所欺騙
大的透明
小的也透明
好的透明
壞的也透明

1992/10/3 寫於紐約

另一種覆信的形式

星星的遺跡已經泯滅
夜的氣息冰一般消融
從窗戶數著等待的節拍
充實心中的空虛
春天的岸實在遙遠
強壯的風逗不起食慾
恍惚時時按響期望的門鈴
這一切都無法打開匙孔
鎖銹已經蝕透危機的耳輪
沿著這條鋪滿輓詩之路
尋找一種謊言
一種瘋狂
一種似是而非的陶醉

1993/3

信 封 裏 的 夢

三月的夢囈
裝在航空的信封裏
等待譴責
等待一次言語的屠殺
這有什麼可怕的

森林的濤聲來自胸中
目光已錯過了懺悔
孤獨的和音
寧靜而冰冷地咆哮
這有什麼可怕的

童年的小河已經改道
流瀉的淒美不再
岸的堤壩築成身後的長影
心的錨鏈絞得緊緊
這有什麼可怕的

不認春風
不認秋月
不認夏日
不認冬雪
所有不可怕的都如此可怕

1993/3/31

喚 回 記 憶

記憶是大洋彼岸的休克
無聲無息無言無語
盤桓在許多膚色之中
呼吸於陌生的熟悉裏

是玉蘭花的幽魂
是楊柳絲的悸動
把原始的哭泣搖醒
故鄉的雲破碎了
濕濕的感覺是夏日之夢

數不清的失落
瞬時紛至沓來
意外的收獲
讓自信長在拉緊的手上
讓記憶回到一種默契

如果把一切變成過程
愛就顯得甘醇
不因時空而衰老
不因歧路而失蹤

1993年夏日

相思，第二千零一夜

中國城比肩繼踵的腳印
中餐館膾炙人口的菜單
太平洋海灘上饑渴的眺望
博物館兵馬俑身上的盔甲與蹄聲
哦，我的相思呵
第二千零一夜的相思

華文報紙的字裏行間
墨香著我的相思
華語電視的歡聲笑語
泛濫著我的相思
華人臉上的阡陌皺紋
鐫刻著我的相思呵
華夏子孫的心田血脈
奔騰著我的相思

二千零一夜的時時刻刻
是白晝盼望暮色的靜謐
二千零一夜的分分秒秒
是晚霞步來後夢的尋覓
相思的二千零一夜
是一封封家書的煎熬
二千零一夜的相思呵
是一次次越洋電話的跋涉

二千零一夜的相思
是我離別故土的全部
相思的二千零一夜呵
是我家鄉的日落與日出
初一相思在恭賀新禧的祝福裏
除夕相思在闔家團聚的圓桌中
每一個黎明都是我相思的起跑線
每一個夜晚都是我相思的馬拉松

—— 寫於來美後的第五個生日

距　　離

總是喜歡鋪開一床棉被
在下面孵化著喜怒哀樂
一場場四色相思夢

醒來用回憶進行反芻
接著便是農忙的失望
發芽失望生根失望
開花失望結果失望

那是夜晚的距離

總是喜歡鋪開一張白紙
在上面種滿了春夏秋冬
一棵棵四季相思豆

次日用快遞郵件寄出
接著便是收穫的希望
希望發芽希望生根
希望開花希望結果

那是白天的距離

我與故鄉的距離
白天　夜晚
失望　希望

1995/2/21

我 是 一 滴 中 國 酒

很芳香很甘醇的一滴
徜徉在大洋彼岸
從此便有了流浪者的度數
遷徙在不同膚色的唇邊

杜康的基因於饑渴的胴體內興奮
一興奮就興奮了數千年
神州曲華夏谷中華泉的醞釀
一醞釀就釀出了茅台汾酒金門高
還把那含酒的文化
貯進每一個子孫的心窖中

於是這些
天生的佳釀們
便以創業者的海量
醉了華盛頓醉了倫敦醉了多倫多
醉了唐人街醉了時報廣場醉了凱旋門
醉了牛排醉了三明治醉了披薩

醉了別人清醒了自己
清醒是酒後的虹霓
徜徉在大洋彼岸
很芳香很甘醇的一滴

---1995/3/22 於美國舊金山

睡去，卻不再醒來

-- 悼念亡友張子宏君

躺在手術台上靜靜地睡去
誰也不曾料到
你高山一樣的生命
竟被一把小小的手術刀摧毀
你大海一般的脈搏
會驟停在無影燈的陰影中

當你走過了彎彎小路
當你來到了遙遙彼岸
當你夢的黎明正顯曙光
當你路的坎坷漸趨平坦
一雙無形的魔手，魔手
掐滅了你心中熊熊的火焰

一個蓬勃的年華
一團和藹的笑顏
從此消失在白色的褥單下
一篇篇精彩的華章
一則則精僻的見解
從此長成黑框裏的馬蹄蓮

只是一次平常的手術
只是一場短暫的休憩
躺在手術台上靜靜地睡去
睡去，卻不再醒來
願人們在你那夢的曙光中
紀念你朗朗的笑聲你燦爛的笑容

1995/4/5 寫於舊金山

回　歸　舊　居

舊居的徘徊有許多方塊
很整齊又很參差地冰冷著
那是歲月那是回憶
童稚了青春美麗了往事

如今回來用方步踱著
居然踱出了許多淚花
牆上的圖畫早已斑駁
60W的燈光依舊昏黃

綠瓷花瓶活過幾多鮮花
所有的花朵皆枯為花紋
唯獨萬年青仍開著綠葉
盡是講述一些綠色軼事

好在電話的線路並未冷卻
靠彼此的問候溫習春天
炎夏開始在蚊子的翅上燃燒
舊居的徘徊也漸漸升溫

1995/5/19 於榕城舊居

兩個人與一首詩

那一晚的燈下有個邂逅
你說你的名字叫：詩
叫詩的詩歌 ---- 多如繁星
叫詩的女神 --- 唯獨是你

不再去數說歲月的年輪
不再去拘囿韻腳的規範
你用現代詩的笑頰
超逸了傳統詩的格律和平仄

星雲燈的流蘇明亮了雙眼
迪斯科的節奏讓心砰砰跳
一旦攜起了詩的手
詩便游弋在旋律之濱

你說詩歌沒有國界但願
相逢與離別都是詩的緣份
只要心中有了詩的默契
詩的生命就永遠是愛的過程

1995/5/19

卡 拉 OK：渲 泄

不管是鬼哭狼嚎
不管是美聲走調
一唱方休於今夜
OK：卡拉OK

你是酒干倘賣無
我是瀟灑走一回
她是東方之珠
他是愛江山更愛美人

那一張酒瓶口的嘴巴
唱一曲窮人的孩子早當家
這一桌轉動的山珍海味
轉出了高吭的我的祖國

歷史和現實一鍋裏煮
公家與私人一肚裏化
來，唱吧！來，乾！
卡拉OK幻成一朵妖嬈的鮮花

1995/5/23　於紅玫瑰歌舞廳

玻 璃 窗 內 外 的 世 界

提著一包沉重的黑色
穿越車海穿越人流
款款地迎面走來了妳

用那隻連著妳的血脈之手
接過妳的黑色之後
兩顆心相攜著同行
同行在通往分離的閘口

今天是沉默的日子
沉默震撼著頂天立地的玻璃窗
雖然只是薄薄的透明
卻隔著妳的憂鬱
隔著妳的笑靨
隔著刻骨銘心的相思
隔著五千年的恨與愛

久久地久久地目送妳
目送妳提著那包沉重的黑色
提早消失於消失之路
帶走了窗外的一切
留下了窗內的全部

--- 1995/5/26 於火車站

那一夜：沒有詩和歌

街燈昏昏哀鳴於窗外
心中的愁雨開始淅瀝

耳機那頭是當頭一棒
令這頭的夜碎成烏有

烏有的夜空空如也
沒有詩也沒有歌

無詩無歌的夜不再是夜
白色的天花板亮成白晝

咀嚼著一枚理解的苦果
任憑初熟的詩和歌泛濫

關燈吧，夜已凋零
不去猜測明日的陰晴

有歡聚也有別離
這是一首最新的詩與歌

1995/6 於故鄉

相　　　處

用時空用夜夢
用回憶用惦掛
與你相處
是一道幸福的堤壩

用悠長的電纜
用聲波的交叉
與你相處
是一種緣分的淚花

用手與你相處
是夏季在悄悄含苞
用心與你相處
是夏季在熱烈綻放

盼望相處的相處
是遠隔重洋
實現相處的相處
是愛的天堂

1995/6/16

十 月 的 一 次 相 聚

記不得現今的模樣
總是以前總是以前

春天的山峰在心中發酵
醇成無邪的美釀

熟諗的溪水依然汩汩
嘩嘩地流過浪漫的河床

歡聲和笑語正含苞待放
年歲的果實永不腐爛

十月的相聚在夢中
十月的新鮮在夢中

一餐未曾嚐過的佳餚
也圓滿在夢中於昨夜

1995/10/7 於巴黎

思 念 的 詮 釋

遙遠的思念是一種貼近
貼近的思念是一種遙遠

貼近是咫尺天涯
遙遠是一心之隔

把思念折疊成方塊字
一封封家書是淚水
把思念攝入鏡頭
一張張笑臉是陌生

思念升上萬里蒼穹
無垠的距離是短短的直線

當思念潛入了心靈之門
夢境已經隱約可見

96/9/30　寫於故鄉

午 後 的 精 彩

一片西洋雪東洋雪
黑壓壓白茫茫花溜溜光燦燦
擁擠在麥克風的聲圈內
聆聽那個女巫的咒語

黃氣球停在呼吸的中樞
招牌打的是手語
掌聲和笑語都很滑稽
辨不清豆芽的方向

混沌中依稀可見天開
麻木的靈魂早已發綠
紅地毯全都變成廢墟
紅鞋子的路線挺歪

有座位的賴著不走
沒座位的引頸長嘆
當聽眾從迷幻中醒來
雪水正在潺潺融化

1996/11/3　寫於書展會場

拓荒者的六月
一 給 銘 華

用炙熱的詩唇
說出無聲的謝意
感謝你在六月的熒屏上
送我用英文字母鑄成的鑰匙
打開了另一片詩的《新大陸》

傳統和前衛的交匯
電腦與詩心的和諧
見證了拓荒者的威力
從此，一顆錚亮的詩星
永恆在：天際—網際—心際

6/11/97 寫於
從電腦網路上讀了《新大陸》之後
並通過E-mail寄給銘華

牽 你 的 手，看 日 落

——寫 給 六 月 的 最 後 一 天

兩雙蹣跚的腳印
踏在世紀末的懸崖邊
注視著一團殘喘的火球
躺在地平線的棺木上
心事錯雜成足下的石灰岩

細數日曆的萬千沙礫
一顆顆一把把
亦哭亦笑亦悲亦譴
都流淌為歷史的陪葬
都豐富成文物的部落

遠去了遠去了
那曾經輝煌的圖騰
那早已腐朽的謊言
一切都無法預料
一切又理所當然

眼看著暗淡的句號
就要壽終正寢於瞬間
兩隻手牽著牽著兩隻手
在一陣如釋重負之後
捧起了一個夢的金甌

寫於1997/6/29

天　窗

用躺在沙發上的目光
對準一個四方形的靶標射擊
視線的變幻亦灰亦藍
獸和人都僅限模擬

有移動的獵物進入靶心
瞳仁的來福線跟蹤追擊
那誤闖禁區的天外來客
無憂無慮地穿越太虛

方塊以內是無形的桎梏
方塊以外是有形的自由
不可捉摸的那個下午
自己成了幸運的囚犯

1997/7/19　寫於賭城　Reno

一 種 好 玩 的 游 戲

陽光被切割成一格格整齊的方塊
佇立於機艙兩側
一片片遠山寧靜在胯下

藍天與白雲調情
變換著各種手法
在窗外兜售價碼

有人無所事事地無聊透頂
幹起了數算太陽的偉業

一粒太陽也許是真理
二粒太陽絕對是馬屁
十粒太陽恐怕是末日

嘿！
這一種游戲真呀麼真好玩

1997 / 8 / 5
寫於利馬--洛杉磯航班上

NO 5 心情之外
(16)首

月 亮 的 青 春 期

月亮的青春期
是在春天的第一個十五
來到的
她發育成微妙的圓
這圓兒給世間
點燃了萬種風情

絲絲細竹包裹著發光的愛
緩緩浮游
圓月的蜜語就這樣
流淌著流淌著
鑼鈸敲沸的聲聲金黃
瘋狂了雄性
圓月的笑頰就這樣
傾心地被俘虜

還有秧歌龍舞
還有米酒浸醉的歲月
都向著這個癢癢的圓兒
栽一片相思林稠稠的
灑一陣及時雨甜甜的

長城的風化石彷彿都忘了
忘掉了妄圖不朽的
酷暑
秋風
冬雪
還忘掉了沒有發光的愛
沒有圓月的倒春寒

如今花燈又懷孕了
月亮的青春期正豐滿正蓬勃
不管天空
是湛藍的抑或深灰的
不管世界
星光璀燦抑或風狂雨暴
那發光的愛捎一條信息
月亮已經發育成
一個動人的圓

今夜是元宵
呵　今夜是元宵

—— 寫於元宵節

拔 牙 的 春 之 詩

算是一次空前但不是絕後的戰役吧
可鬧不清敵人是誰

毋須匍匐臥倒
毋須披甲戴盔
機槍與炮彈都去度蜜月
地雷的肚臍也宣告脫落

那麼臥倒吧請 --- 請
一具具溫暖的僵尸
在白大褂面前忠誠地抽搐

於是有普魯卡因的甘霖
射中那塊粉紅色的陣地
伴隨的是一片可愛的麻木
與一片傾心的等待

於是攻陷碉堡的決戰
在無影燈下摳動扳機
鉗子們戰果輝煌
巧妙地俘虜了一顆顆春之詩

靜穆的戰場很人道
復活的僵尸一個個啞口無言

當那次戰役載入史冊
爺爺還叨念著往昔的功勛
說在那美麗的歲月
他們常常常常地拔牙

　　　　　　　　　　　---- 寫於一次拔牙之後

丟失的錢包中有一枚郵票

櫥窗五花八門地眨眼
錢包私奔了

嫁給水泥地
嫁給某個角落
嫁給並不相識的小伙子
嫁給十二月寒風的凜冽

腳步在匆忙中打轉
目光捆了無數個死結
那遺失的黑色
給西落的夕陽
捎去一頁無題的備忘錄

開始回憶殞星的軌跡
不會有巨額的惋惜
也不會有忽略的欣慰

隨它去吧
天色已晚

最後記起了那黑色之宮
曾孕著一枚墨綠的希望
在沒娩出之前
就已是一團失蹤的死胎

--- 寫於一次失竊之後

對八月十五月光的預測

異邦的太陽身上
被月光很冷酷地又抽了一鞭
燥熱的炎夏
頓時結冰

季節的情感反復無常
紅杉樹索索發抖

洗衣機的內臟
很殷勤地攪拌著
冬衣和夏裝都不知時令

多年來雖沒有一次月蝕
可月亮老被天狗吞食
再過多時就是故鄉的中秋
不管是胖是瘦
變態的心理有點兒健忘

今夜雖還算精神
只是臉色太蒼白
相信再過不長不短的幾十天
她的血色素將增加二克

1990年來美後第一個中秋節前兩個月

冬夜，選擇黑色之謎

白紙上的螢火
塗鴉著聲聲晦暝
秋蟲忙碌於準備冬眠
孤月逼寒風表態
一團黑色的謎
主宰今夜的選擇

濃縮的飲料嗆裂咽喉
玻璃器皿皆低首哭泣

哭含嗔之春
哭瘋狂的夏
哭肅殺之秋
哭那時斷時續的冬

淚水的囈語
壘成琳瓏的小校徽
掛在聖誕樹的幼林前
白衣天使嚇得惴惴卻步

聖母院又傳來
釘在十字架上的禱告
星空不再是星空
明天不再是明天
當第二個月亮晝夜不眠
人間
人間便再沒有失意的漆黑

　　　　　　──── 寫於一位少女自殺之後

冬 天 的 獎 賞

記憶被拆裝成許多枯枝
移植於呼喚的深潭
秘密的綠草地緊鎖著
鐵似的痛苦
令足跡零亂而美麗

逝去的歲月是激動的山洪
常常滾出雨季的誤解
藍天的心事屢遭拷問
靈魂上遺落的墓碑
顫動著血絲的囈語

凍土地帶絕不可能甦醒
春風被流放到赤道上烘烤
冷和熱都銬上枷鎖
叮咚聲很悲壯
文字頓失人性

明天蒼白得滲血
日子在骨骼裏隱隱作痛
乾涸的格局碰上皺紋
一切都無法改變
憂慮排成工蟻的長陣

冬天的情緒稀奇古怪
生命的鈕扣一粒粒掉落
襤褸的衣襟
掛滿北風的哭泣
天邊的大地沒有回音

1992/12/12 寫於參觀天使島移民拘留所

讀　　　詩

常俯首
看綠格子上螞蟻攢動
還有蝴蝶尺蠖什麼的
然後
用眼用腦用筆
一隻隻地把它挑來挑去
偶爾還塞進嘴裏嚼嚼
嗶嗶剝剝
咯嚓咯嚓
動作都很原始
音響才叫美麗
歡欣的鴿子時時飛起
撲楞楞天空變得迷濛
呆頭呆腦的虱子冒出
亂糟糟的心驟然萎縮
有人問起
常孵化這些玩意兒嗎
答曰：苦哇
苦！苦
土壤安在
陽光安在
良心安在

—— 心態之一

觀　　　釣

有細細的長長的耐性
沉入靜靜的湖心
看默默的含笑的等待
包住閃光的鉤
有一場娛樂
在光天化日下展開

浮漂子很聽話
忠誠於曠久的崗位
釣竿垂臥著
憧憬那戰果的光輝

於渾渾噩噩之中
上鉤的信號劍拔弩張
冥冥水色
畫一幅悲劇的海報

恨不能當一名告密者
裏通魚國
幸災樂禍地傳遞情報
那光明的世界
是鉤上的誘餌

—— 心態之二

發高燒時的種種詩情

談不上是旅游到赤道
還是流浪到北極

寒冬和酷夏
在肉體的舞台上輪流演出

夢經過熱處理
脆裂成粉末狀

中世紀的地獄朦朦朧朧
天堂有時有瞬間的明晰
但也顯得十分陌生

心臟有非洲人在敲達姆鼓
脈搏繃成離弦之箭
進行最後的沖刺

乾旱蔓延到了口腔
感冒沖被裝上消防車
脊梁骨暴雨成災
大地得到鹹味的滋潤

幻想都春天化了
痛苦也變得芳馨
我們常常酷愛發高燒
當體溫在一個清晨恢復正常
體溫計又醞釀著另一場政變

--- 寫於一次感冒之後

高 速 公 路 的 哀 歌

一曲四聲道搖滾樂
引擎中嘎然碾出
休止符刹於擁擠之隙
畫展和詩展招徠著路警

活蹦亂跳的世界
凝成往事的句號
微笑的青春
皺為一團紅霞

四行詩押了韻
寫在靜默與騷動之間
未吟出的構思
釀成繽紛的朦朧

一灘牡丹很溫暖
出奇地艷麗在路中
城裏的這棵樹
最後舒展了一趟自由

—— 記一次車禍

肩　　　膀

搖動霏霏雨落的兩岸
彩霞退隱的黃昏聳立
千山萬水抖半輩子歲月
人生的碼頭正扛著家的重量

一座座小丘陵有垂思的暮雨
土壤上懸兩顆肥熟的曠闊
輕飄飄的沉甸甸的
都從這面前晃過晃過

常感到風霜的重負
常背著疲倦的憂傷
離國的蒼白沒有一天
不在折磨崩裂的追憶

每每在滄桑的樹下
總遇到狹窄的路
只好將山峰側著
讓半生從苦難的縫隙中擠過

當忙碌的雙臂
默數自己磅秤上的刻度
說不清幾斤幾兩
幾多靈魂的苦澀幾多愚笨的空虛

--- 寫於來美三週年

火 災 導 演 的 故 事

一場新鮮的火災
吞噬了所有的口頭禪
吞噬了所有的亞熱帶

形形色色的光束
在驚慌裏奔突
各種信號紛紛逃亡
追捕著燃燒的宣言

理論的框架
用嘶啞的聲帶吼叫
一串串沒剃掉鬍子的觀念
發瘋地削價傾銷
暴戾的風四處綁票

穿過高樓的峽谷
踏碎街燈的疏影
把赤裸裸的野芒果
插在不夜城的門楣

大火狼吞虎咽
讓最後的一座腳手架
變成幽靈的排泄物

火災的眼睛
挑逗著大山的最後一座山峰
那是一場新的游戲
閃爍的醒齠
正顯示幕後絕妙的暗語

　　　　　　　　　　　── 寫於一場大火之後

食慾降到冰點後的形勢

食慾降到了冰點
口腔的工事用黃連構築
情緒的天空下起冰雹
烏雲密佈

生命被拒之門外
春天的舞會無法逾越寒冬
外部和內部
兩個世界隔離

邊境沒有哨兵
叛逃者都望而卻步
食譜繁花似錦
在戰場上全凋零

沒有一個好胃口
邊界線上的豪言壯語
是一條又黑又長的虛線

--- 寫於醫院診所

日 全 蝕 後 遺 症

從來都是冠冕堂皇咄咄逼人
天生的刺眼絢麗光彩奪目
憑借自己的軌道扭轉乾坤
說是救蒼生於水火給新生予萬物

運行了幾多歲月天經地義
贏來了眾星拱拜宇宙折服
總睥睨著四周用血紅的觸角
火輪滾滾輾過崎嶇的征途

常用些風花雪月點綴人生
也不惜春夏秋冬循環反復
三點一線是一次偶然的必然
霎時間炸崩了神話的天闕

當神聖的隱私一旦窺破
生靈經歷了短暫的失落
瞳孔經歷了短暫的失明
世界經歷了短暫的失措

寫於來美後的一次日蝕

無 伴 奏 合 唱

無需指揮官無需口令
排山倒海的兵團
踏著檢閱的方陣
沖鋒吶喊
汎過聽眾的汪洋

步伐踩過幽遠的月光
飛瀑的輻射從天而降
牡丹開出甜蜜的系列
夜鶯囀鳴於花叢

愚公的鋼釬鑿穿地殼
爆破正在雲層中轟響
傾盆大雨滲入龜裂的大地
彩虹鋪一彎雨後的清新
紫霧縈繞
翠葉滴水

黃昏和黎明攜手
星星與太陽爭輝
大江滾滾
小溪潺潺

崇山峻嶺推成漸漸的遠景
紛飛的掌聲洶湧飄灑
淹沒了席位
雀躍

--- 寫於聽完一張唱碟之後

禮 讚 一 碗 飯

—— 翻閱半世紀前的美國華文報紙，記載著當年華僑為
　　支持祖國的抗日，有錢出錢，有力出力，紛紛募捐
　　籌款，在華埠掀起著名的「一碗飯」運動。

翻閱著一迭迭業已發黃的報紙，
翻閱著一頁頁記憶猶新的歷史，
一字字，一句句，都滲出世紀的風雲，
一天天，一週週，都滾出憤怒的追思；
半個世紀的光陰無法洗盡帶血的屠刀，
五十多載的流年不能掩埋日寇的暴戾！
發黃的報紙啊，就是鐵的見證，
沉重的鉛字鐫刻下華僑的史詩……

這禮盡管遠離前線，遠離炮聲，遠離故土，
卻和同胞肝膽相照，朝夕相處，手足相知；
祖國的苦難就是僑胞的苦難啊，
親人的恥辱就是僑胞的恥辱！
面對民族的血淚、悲慘、英勇與不屈，
面對敵人的殘暴、獸行、瘋狂和歇斯底里，
華埠沸騰了，掀起了「一碗飯」運動！
——為了抗日，僑胞有錢出錢，有力出力！

一碗飯，就是一隻砸向敵人的鐵拳，
一碗飯，就是一門支援前線的炮炙，
一碗飯，就是一首響徹雲天的戰歌啊，
一碗飯，就是一句抗日必勝的宣誓！
一碗飯，就是一戶華僑家庭的心聲，
一碗飯，就是一篇聲討鬼子的檄文，
一碗飯，就是一聲衝鋒陷陣的怒吼啊，
一碗飯，就是一片同仇敵愾的支持！

當年的小妹妹啊，你的微薄貢獻，
聚沙成塔匯進了滾滾的抗日洪流；
當年的老伯伯啊，你的在天之靈，
早已含笑在抗戰勝利的凱歌聲裏……
昨日的華埠，還響著一致抗日的口號啊，
今天的耆英，還藏著往昔抗日的箭矢！
不能遺忘啊，那一場場血淚斑斑的控訴，
應該牢記啊，那一位位先輩不朽的名字……

有人會說一碗飯是多麼微不足道，
不！一碗飯在戰爭年代來之不易啊；
有人會說一碗飯何必再津津樂道，
不！一碗飯是華埠愛國的可貴良知！
當今天的兒孫們沐浴著和平的陽光，
一碗飯，正是那晴空萬里的一朵虹霓；
當眼下的岔道上呈現出迷惘的困惑，
一碗飯，正是那指明方向的一位良師！

是的，我們永遠不會遺忘，戰爭發動者
依然拒絕作出隻言片語的懺悔；
是的，我們永遠應該牢記，日本侵略者
至今仍在千方百計地篡改歷史！
讓人們經常重溫「一碗飯」的不朽功勛吧，
那是我們僑胞的光榮，僑胞的驕傲！
讓時代繼續書寫「一碗飯」的彪炳偉績吧，
那是我們僑胞的火炬，僑胞的旗幟！

—— 寫於抗日戰爭勝利五十週年